BEI GRIN MACHT SICH IHR WISSEN BEZAHLT

- Wir veröffentlichen Ihre Hausarbeit,
  Bachelor- und Masterarbeit

- Ihr eigenes eBook und Buch -
  weltweit in allen wichtigen Shops

- Verdienen Sie an jedem Verkauf

Jetzt bei www.GRIN.com hochladen und kostenlos publizieren

Bibliografische Information der Deutschen Nationalbibliothek:

Die Deutsche Bibliothek verzeichnet diese Publikation in der Deutschen National-
bibliografie; detaillierte bibliografische Daten sind im Internet über http://dnb.d-
nb.de/ abrufbar.

Dieses Werk sowie alle darin enthaltenen einzelnen Beiträge und Abbildungen
sind urheberrechtlich geschützt. Jede Verwertung, die nicht ausdrücklich vom
Urheberrechtsschutz zugelassen ist, bedarf der vorherigen Zustimmung des Verla-
ges. Das gilt insbesondere für Vervielfältigungen, Bearbeitungen, Übersetzungen,
Mikroverfilmungen, Auswertungen durch Datenbanken und für die Einspeicherung
und Verarbeitung in elektronische Systeme. Alle Rechte, auch die des auszugsweisen
Nachdrucks, der fotomechanischen Wiedergabe (einschließlich Mikrokopie) sowie
der Auswertung durch Datenbanken oder ähnliche Einrichtungen, vorbehalten.

Impressum:

Copyright © 2012 GRIN Verlag, Open Publishing GmbH
Druck und Bindung: Books on Demand GmbH, Norderstedt Germany
ISBN: 9783668280243

Dieses Buch bei GRIN:

http://www.grin.com/de/e-book/338640/unterschiede-bei-den-ansatz-und-bewer-
tungsvorschriften-vom-bilanzposten

Tom Hasel

Unterschiede bei den Ansatz- und Bewertungsvorschriften vom Bilanzposten Eigenkapital nach HGB und IFRS

GRIN Verlag

GRIN - Your knowledge has value

Der GRIN Verlag publiziert seit 1998 wissenschaftliche Arbeiten von Studenten, Hochschullehrern und anderen Akademikern als eBook und gedrucktes Buch. Die Verlagswebsite www.grin.com ist die ideale Plattform zur Veröffentlichung von Hausarbeiten, Abschlussarbeiten, wissenschaftlichen Aufsätzen, Dissertationen und Fachbüchern.

Besuchen Sie uns im Internet:

http://www.grin.com/

http://www.facebook.com/grincom

http://www.twitter.com/grin_com

Wissenschaftliche Ausarbeitung

Thema:

Unterschiede bei den Ansatz- und Bewertungsvorschriften
vom Bilanzposten Eigenkapital nach HGB und IFRS

Abgabedatum: 11.01.2012

Technische Fachhochschule Georg Agricola, Bochum
Studiengang Bachelor Technische Betriebswirtschaft
Modul „Grundlagen Wissenschaftlichen Arbeitens"

INHALTSVERZEICHNIS

ABBILDUNGSVERZEICHNIS

ABKÜRZUNGSVERZEICHNIS

- z.B.	= Zum Beispiel
- bzw.	= beziehungsweise
- vgl.	= vergleiche
- HGB	= Handelgesetzbuch
- IFRS	= International Financial Reporting Standards
- IASB	= International Accounting Standards Board
- GoB	= Grundsätzen ordnungsgemäßer Buchführung
- ADHGB	= Allgemeine Deutsche Handelsgesetzbuch
- BilMoG	= Bilanzrechtsmodernisierungsgesetz
- IASC	= International Accounting Standards Committee
- IAS	= International Accounting Standards
- US-GAAP	= United States Generally Accepted Accounting Principles
- IASCF	= International Accounting Standards Committee Foundation
- IFRIC	= International Financial Reporting Interpretations Committee
- SIC	= Standing Interpretations Committee
- SEC	= Securities Exchange Commission
- NYSE	= New York Stock Exchange

1. Einleitung

In meiner Wissenschaftlichen Arbeit geht es darum die Unterschiede bei den Ansatz- und Bewertungsvorschriften des Bilanzposten Eigenkapital nach HGB und IFRS aufzuzeigen.

Im ersten Abschnitt gehe ich auf die deutsche Rechnungslegung ein. Dabei wird eine allgemeine Definition des Handelgesetzbuches, sowie die Entstehung und Geschichte aufgezeigt. Das dritte Kapitel hingegen beschreibt die Rechnungslegung nach internationalem Recht. Der Fokus in diesem Kapitel liegt insbesondere in der Entstehung und Bedeutung der International Financial Reporting Standards, aber auch in dem Aufbau des International Accounting Standards Board. Hierzu gibt es Informationen zur Gründung und zur Reformierung der Organisation im Jahre 2001. Im letzten Abschnitt des Kapitels wird die Notwendigkeit der Harmonisierung der Internationalen Rechnungslegung dargestellt.

Der Hauptteil der Wissenschaftlichen Arbeit liegt im vierten Kapitel. Es werden verschiedene Definitionen des Eigenkapitals nach HGB und IFRS wiedergegeben. Besonders eingegangen wird auf den Unterschied von gezeichneten Kapital und auf die verschiedenen Arten von Rücklagen. Es werden verschiedene Definitionen nach der jeweiligen Rechnungslegung erläutert und anschließend gegenübergestellt. Dies wird durch im Text untergebrachten Abbildungen unterstützt.

Am Ende der Wissenschaftlichen Arbeit wird ein zusammenfassendes Fazit aufgezeigt.

2.   HGB

2.1   Definition des HGB

Das Handelsgesetzbuch (HGB) regelt die externe Rechnungslegung und enthält den grundlegenden Kern des deutschen Handelsrechts. Es enthält vor allen Vorschriften zum Jahresabschluss, zur Bilanzierung, zur Buchführung und zur Offenlegung.

Außerdem gibt es besondere Regelungen für Personengesellschaften und Kapitalgesellschaften. Diese sind nämlich zur Buchführung und zur Aufstellung eines Jahresabschlusses verpflichtet. Ebenfalls für Kaufleute zu beachten, ist der Jahresabschluss nach den Grundsätzen ordnungsgemäßer Buchführung (GoB), da das HGB nicht alle Antworten zur Buchführung und Bilanzierung liefert.[1]

---

[1] vgl. § 243 Abs. 1 HGB

2.2 Geschichte des HGB

Das Handelsgesetzbuch ist am ersten Januar 1900 gemeinsam mit dem Bürgerlichen Gesetzbuch in Kraft getreten. Der Vorläufer des HGB war das Allgemeine Deutsche Handelsgesetzbuch (ADHGB) von 1861. Das HGB wird ständig beeinflusst und verändert, besonders durch die Harmonisierung der deutschen Rechnungslegung an internationale Standards (IFRS) aber auch durch Rechtsetzungen der Europäischen Union. Desweiteren wurden durch das Bilanzrechtsmodernisierungsgesetz (BilMoG) einige an Europa angepasste Vorgaben erfüllt, sowie eine Veränderung des Jahresabschlusses vollzogen.

Somit haben Kapitalgesellschaften seit dem Jahre 2005 ihre Jahresabschlüsse nach den internationalen Rechnungslegungsstandards (IFRS) aufzustellen. Unternehmen, die nicht kapitalmarktorientiert sind, haben die Wahl, ob sie nach HGB ihren Abschluss machen oder nach IFRS.[2]

3. IFRS

3.1 Entstehung der IAS/IFRS

Im Jahre 1973 wurde die privatrechtliche Organisation *International Accounting Standards Committee* (IASC) vor allen von Wirtschaftsprüfungsgesellschaften gegründet. Die Zielsetzung des IASC sind die Festlegung und Veröffentlichung von Internationalen Rechnungslegungsstandards, sowie die Harmonisierung von Rechnungslegungsnormen. Die *International Accounting Standards* (IAS) können als ein Mittel der globalen Vereinheitlichung von Rechnungslegungsstandards betrachtet werden.[3]

Die IAS besteht aus dem Framework und den jeweiligen Standards. Das „Framework for the Preparation and Presentation of Financial Statements" gilt als Grundkonzept für die Ausrichtung der IAS Standards. Es stellt selbst keinen IAS dar, es gilt daher nur als Richtlinie. Im Framework werden Ziele, Standpunkte und Methoden der IAS Rechnungslegung beschrieben.[4]

In der Zeit zwischen 1973 und 2001 veröffentlichte das IASC insgesamt 41 International Accounting Standards. Mit steigendem internationalen Interesse an dem vom IASC festgelegten Standard ergab sich die Notwendigkeit, die Struktur des IASC zu überarbeiten. Die Organisation wurde 2001 durch das *International Accounting Standards Board* (IASB)

---

[2] vgl. http://www.e-conomic.de/buchhaltungsprogramm/lexikon/handelsgesetzbuch-hgb (Zugriff 11.10.2012)

[3] vgl. http://wirtschaftslexikon.gabler.de/Definition/international-accounting-standards-board-iasb.html (Zugriff 18.12.2011)

[4] vgl. http://wirtschaftslexikon.gabler.de/Definition/framework.html (Zugriff 18.12.2011)

ersetzt. Im Gegensatz zum IASC, wobei die Aufnahme von umfangreichen Ausweis-, Ansatz-
und Bewertungswahlrechten im Mittelpunkt standen, befasst sich das IASB vor allen mit der
weltweiten Harmonisierung der IAS/IFRS. IFRS bedeutet *International Financial Reporting
Standards*. Diese habe die IAS im Jahr 2002 als internationalen Standard abgelöst. Die IFRS
schließen die veröffentlichten IAS mit ein und werden daher in der Übergangsphase auch als
IAS/IFRS bezeichnet.[5]

Bei der Entstehung der IFRS hat vor allen die *United States Generally Accepted Accounting
Principles* (US-GAAP) als Vorlage gegolten. Die IFRS sollen in einem fortlaufenden Prozess
mit den amerikanischen Bilanzierungsgrundsätzen harmonisiert werden.

Seit dem 01.01.2005 ist das Wahlrecht für den Konzernabschluss für kapitalmarktorientierte
Unternehmen Pflicht. Der Konzernabschluss muss also nach dem von der Europäischen
Union aufgestellten International Financial Reporting Standards aufgestellt werden. Für alle
anderen Unternehmen gelten weiterhin die Regeln des Wahlrechts zur
Konzernrechnungslegung nach IFRS.[6]

Im Februar 2007 veröffentliche die IASB außerdem einen IFRS für kleine und mittelgroße
Unternehmen, da diese Unternehmen bislang vernachlässigt wurden. Bislang mussten die
Unternehmen den bestehenden IFRS verwenden, welcher sehr Aufwendig ist. Durch den
neuen Entwurf soll den kleinen und mittelgroßen Unternehmen ein vereinfachter und
eigenständiger Rechenlegungsstandard bereitgestellt werden.[7]

Gegenwärtig entwickelt sich die IAS/IFRS kontinuierlich zum weltweiten Standard für die
Rechnungslegung. Sie werden in 130 verschieden Ländern für die Erstellung von
Jahresabschlüssen benutzt.[8]

3.2   Aufbau der IASC/IASB

Das International Accounting Standards Board besteht aus mehreren Kommissionen
angefangen mit den obersten Gremium der Treuhänder (Trustees).

---

[5] Kirsch, H. (2009) S.1

[6] vgl. http://wirtschaftslexikon.gabler.de/Definition/internationale-rechnungslegung.html (Zugriff 19.12.2011)

[7] vgl. http://www.beck.de/cms/main?docid=215315 (Zugriff 19.12.2011)

[8] vgl. Kirsch, H. (2009) S.3

Sie werden durch die *International Accounting Standards Committee Foundation* (IASCF) ausgewählt und bestehen aus unterschiedlichen geografischen Persönlichkeiten.

Zu Ihren Aufgaben zählen:

- Auswahl der Mitglieder des Board, des International Financial Reporting Interpretations Committee und des Standards Advisory Council

- Kontrolle der Strategie des Board und der anderen Gremien

- Bereitstellung finanzieller Mittel

- Zustimmung des Haushalts

Das Board ist das wichtigste Gremium und besteht aus 14 Mitgliedern, davon 2 auf Teilzeitbasis. Die Mitglieder bestehen unter anderen aus Wirtschaftsprüfern, Jahresabschlusserstellern, Jahresabschlussadressaten und aus Hochschullehrern. Der Geschäftsführer der IASCF ist gleichzeitig der Vorsitzende des Board. Zu den Aufgaben des Boards zählen inhaltliche Fragen, Aufstellung der Agenda und insbesondere die Festlegung der endgültigen Standards.

Das Gremium *International Financial Reporting Interpretations Committee* (IFRIC), welches vor der Neustrukturierung noch *Standing Interpretations Committee* (SIC) hieß, wird durch die Trustees ernannt. Aufgabe des IFRIC ist die Feststellung von Regelungsfehlern, die dann als Empfehlung an das Board zur Erweiterung bestehender oder neuer Standards gegeben werden. Die abschließende Entscheidung über die Durchführung der IFRIC-Interpretation liegt allerdings nur beim Board.

Das Standards Advisory Council ist ein weiteres Gremium zur Unterstützung des Boards. Es dient zur Einbeziehung weiterer Institutionen, Gruppen und Personen. Zu den vertretenen Institutionen des Standards Advisory Council gehören beispielhaft die Weltbank, IOSCO, der International Monetary Fund und Hochschullehrer. Die Aufgabe des SAC besteht hauptsächlich darin, technische Unklarheiten direkt mit den Mitgliedern des Board zu besprechen. Außerdem soll durch das SAC den nicht im Board vertretenen Interessengruppen und Institutionen die Chance zur Einflussnahme gegeben werden.[9]

3.3 Gründe für die Anpassung der internationalen Rechnungslegung

Die Bestimmung der Rechnungslegung war lange Zeit eine Staatsaufgabe und damit von verschiedenen nationalen Besonderheiten geprägt. Dadurch waren die internationalen Rechnungslegungen schwer miteinander vergleichbar und verhinderte somit das Zusammenwachsen der Kapitalmärkte. Sie erforderten von jedem ausländischen Investor, sich mit nationalen Regeln vertraut zu machen, um die Lage eines betrachteten Unternehmens beurteilen zu können.[10]

Bei den Unternehmen stieg der Bedarf stark an, wodurch dieser allein durch nationale Güter nicht mehr gedeckt werden konnte. Deshalb musste dieser Bedarf mit globalen Gütern erweitert werden. Besonders durch die Globalisierung, die dazu führt, dass die Unternehmen vermehrt auf direkte Investitionen in ausländische Märkte setzen, erlangte die Harmonisierung der Rechnungslegung an Wichtigkeit. Es konnte ein leichterer Zugang zu ausländischen Kapitalmärkten erreicht werden, sowie eine deutliche Vereinfachung der Konzernabschlusserstellung für weltweit agierende Unternehmen.[11] [12]

Als eines der ersten deutschen Unternehmen wagte die Daimler Benz AG 1993 den Sprung an die *New York Stock Exchange* (NYSE) Wertpapierbörse. Da der Abschluss nach dem Handelsgesetzbuch für die *Securities Exchange Commission* (SEC) nicht ausreichend war, musste die Daimler Benz AG fortan ebenfalls einen Abschluss nach US-GAAP erstellen. Trotz des hohen Arbeitsaufwand und der hohen Kosten sind mehrere deutsche Unternehmen, z.B. die Deutsche Telekom AG, BASF AG und SAP AG, dem Modell der Daimler Benz AG gefolgt. Dies war ein weiter Grund dafür, dass es einer Anpassung der internationalen Rechnungslegung bedurfte.[13]

---

[9] Kirsch, H. (2009) S.3-4

[10] vgl. http://wirtschaftslexikon.gabler.de/Archiv/134403/internationale-rechnungslegung-v4.html (Zugriff 27.12.2011)

[11] vgl. http://www.grin.com/de/e-book/103567/internationale-harmonisierung-der-rechnungslegung (Zugriff 27.12.2011)

[12] Kirsch, H. (2009) S.1

[13] vgl. http://www.uvk.de/uploads/tx_gbuvkbooks/Leseprobe/9783825284459_l.pdf (Zugriff 28.12.2011)

4. VERGLEICH DES EIGENKAPITAL NACH HGB UND IFRS

4.1 Variationen des Eigenkapital

Das Eigenkapital ist der Teil eines Vermögens, der nach Abzug aller Schulden übrig bleibt. Jedoch unterscheidet man bei der Darstellungsform des Eigenkapitals in der Bilanz. Aufgrund gesellschaftlicher und bürgerlicher Bestimmungen hängt die Darstellung von der Unternehmensrechtsform ab. Nach der Veränderlichkeit der Kapitalkonten unterscheidet man zwischen variablen und konstanten Eigenkapitalkonten.[14]

Das *variable Eigenkapitalkonto* zeichnet sich vor allen durch die jährlich starken Schwankungen seines Bestandes aus. Der Grund dafür sind die alle in einem Geschäftsjahr unternommenen Einlagen und Entnahmen, sowie die erwirtschafteten Gewinne und Verluste auf dieses Eigenkapitalkonto. Diese Art der Eigenkapitalverbuchung findet im Wesentlichen bei Einzelkaufleuten und Personenhandelsgesellschaft statt.[15]

Das *konstante Eigenkapital* findet man vor allen bei Kapitalgesellschaften, aber auch vereinzelt bei anderen Rechtsformen mit Haftungsbeschränkungen. Es besitzt vorrangig die Funktion, Haftungsvermögen in der im Gesellschaftsvertrag vereinbarten Höhe zu binden. Laut § 266 Abs. 3 HGB heißt das konstante Eigenkapital bei Kapitalgesellschaften Gezeichnetes Kapital. Währenddessen trägt es bei Aktiengesellschaften den Namen Grundkapital, bei einer Gesellschaft mit beschränkter Haftung (GmbH) wird es als Stammkapital bezeichnet.[16]

4.1.1 Eigenkapital nach HGB

Das Eigenkapital (Reinvermögen) ist als Differenz aus Vermögenswerten und Schulden des Unternehmens definiert. Es besteht aus den von den Gesellschaftern des Unternehmens zeitlich unbegrenzt zur Verfügung gestellten Leistungen. Entweder können diese Leistungen durch den Verzicht auf Gewinnausschüttung oder durch Zufuhr von außen zufließen. Das Eigenkapital ist also letztlich der Anteil der Eigentümer am Gesellschaftsvermögen. Falls kein Eigenkapital vorliegt, handelt es sich um Fremdkapital.[17]

Die Gliederungsposition des Eigenkapitals in der Bilanz ist laut § 266 Abs. 3 HGB der erste Posten auf der Passivseite. Es besteht aus mehreren Unterpunkten angefangen mit

---

[14] Coenenberg, A. G. (2005) S.283-284
[15] Coenenberg, A. G. (2005) S.283-284
[16] Coenenberg, A. G. (2005) S.284
[17] Coenenberg, A. G. (2005) S.283

Gezeichnetes Kapital, Kapitalrücklage, Gewinnrücklage, Gewinn- bzw. Verlustvortrag, Jahresüberschuss bzw. Jahresfehlbetrag und dem Bilanzgewinn.[18]

Das Handelsgesetzbuch versucht unter dem Posten Eigenkapital sämtliche Eigenkapitalbestandteile zusammenzufassen, jedoch gibt es noch andere Positionen in der Bilanz, welche Einfluss auf das Eigenkapital nehmen können. In der folgenden Tabelle kann man entnehmen, wie die Aktivseite der Bilanz Einfluss auf den Posten Eigenkapital nimmt. Auf der rechten Passivseite wird das Eigenkapital untergliedert. Die Folgende Abbildung zeigt den Ausweis des Eigenkapitals nach HGB.[19]

Aktiva	Bilanz	Passiva
A. Ausstehende Einlagen auf das gezeichnete Kapital - davon eingefordert ...	A. Eigenkapital I. Gezeichnetes Kapital (§ 272 Abs.1 HGB; s.a. § 152 Abs.1 AktG; § 42 Abs.1 GmbHG)	
D. Umlaufvermögen II. Forderungen und sonstige Vermögensgegenstände 4. Eingeforderte ausstehende Einlagen auf das gezeichnete Kapital (§ 272 Abs.1 Satz 3 HGB) oder Eingeforderte Nachschüsse von Gesellschaftern einer GmbH (§ 42 Abs. 2 GmbHG) III. Wertpapiere 2. eigene Anteile ...	II. Kapitalrücklage (§ 272 Abs.2 HGB; s.a. § 152 Abs.2 AktG) 1. Eingefordertes Nachschusskapital bei der GmbH (§ 42 Abs.2 Satz 3 GmbHG) III. Gewinnrücklagen (§ 272 Abs.3 HGB) 1. gesetzliche Rücklage (§ 150 AktG) 2. Rücklage für eigene Anteile (§ 272 Abs.4 HGB) 3. satzungsmäßige Rücklagen 4. andere Gewinnrücklagen IV. Gewinnvortrag/Verlustvortrag (§ 266 Abs.3 HGB)	
E. Nicht durch Eigenkapital gedeckter Fehlbetrag (§ 268 Abs.3 HGB)	V. Jahresüberschüss/Jahresfehlbetrag (§ 266 Abs.3 HGB) VI. Bilanzgewinn/Bilanzverlust - davon Ergebnisvortrag; gemäß § 268 Abs.1 HGB (als Alternative zu IV. und V. oben) B. Sonderposten mit Rücklagenanteil; gemäß § 273 i.V.m. § 247 Abs.3 HGB ...	

Abbildung 1: Ausweis des Eigenkapitals nach HGB, Coenenberg 2005, S.287

---

[18] vgl. § 266 Abs. 3 HGB
[19] Coenenberg, A. G. (2005) S.286-287

4.1.2 Eigenkapital nach IFRS

Dem Eigenkapital ist kein eigenständiger International Financial Reporting Standard gewidmet. Die Eigenkapital Definition nach IFRS ähnelt aber der Definition des Handelsgesetzbuchs. Laut des Frameworks.49 c und des Frameworks.65 ist das Eigenkapital als Differenz aus Vermögenswerten und Schulden des Unternehmens definiert. Das IFRS-Framework verzichtet also auf eine individuelle Definition des Eigenkapitals. Somit wirken sich die Ansatz- und Bewertungsvorschriften für Vermögenswerte und Schulden auf die Höhe des Eigenkapitals aus.[20]

Im Gegensatz zum HGB enthalten die IFRS keine allgemein gültige Darstellung des Eigenkapitals. Jedoch enthält der Anhang des IAS 1 eine beispielhafte Eigenkapitalgliederung, die wie folgt aussieht:

| **Equity (Eigenkapital)** |
| Share Capital |
| Other reserves |
| Retained earnings |
| Minority interest |

Das Share Capital entspricht nach IFRS den gezeichneten Kapital und der Kapitalrücklage. Die Other reserves sind vergleichbar mit den Gewinnrücklagen nach HGB. Minderheitsanteile (Minority interest) stellen außerdem im Unternehmensabschluss kein Fremdkapital dar und sind somit als Eigenkapital auszuweisen.[21]

4.2 Gezeichnetes Kapital nach HGB

Als *gezeichnetes Kapital* wird das Kapital bezeichnet, auf das die Haftung der Gesellschafter von Kapitalgesellschaften gegenüber den Gläubigern beschränkt ist.[22]

Das Stammkapital der GmbH und das Grundkapital der AG muss als gezeichnetes Kapital ausgewiesen werden. Gemäß § 283 HGB muss das gezeichnete Kapital zum Nennbetrag oder zum rechnerischen Wert (Stückaktie) angesetzt werden.[23]

Bei einer Gesellschaft mit beschränkter Haftung muss das Stammkapital mindestens 25.000€ betragen, wobei sich die Stammeinlage eines einzelnen Gesellschafter mindestens auf 100€ beziffern muss. Bevor die GmbH rechtskräftig gegründet werden kann muss auf jede

---

[20] Kirsch, H (2009) S.21

[21] Coenenberg, A. G. (2005) S.287-288

[22] vgl. § 272 Abs. 1 HGB

[23] Gräfer, H., Schneider, G. (2009) S.195

Stammeinlage ein Viertel eingezahlt und insgesamt wenigstens die Hälfte des Stammkapitals geleistet sein.[24]

Nach § 7 AktG benötigt eine Aktiengesellschaft ein Grundkapital von mindestens 50.000€, welches in Aktien aufgeteilt ist. Derer kleinster Nennbetrag beläuft sich auf 1€.[25] Es müssen sämtliche Sacheinlagen und wenigstens ein Viertel des Grundkapitals geleistet sein, damit die AG im Handelsregister angemeldet werden kann. Außerdem bedarf es einer drei Viertel Mehrheit der Stimmen in der Hauptversammlung, wenn die Höhe des Grundkapitals geändert werden soll.[26] [27]

4.3 Gezeichnetes Kapital nach IFRS

Das gezeichnete Kapital ist ebenfalls in der IFRS-Bilanz der erste Posten innerhalb des Eigenkapitals. Die nationalen Gesetzgebungen des jeweiligen Landes, in dem das Unternehmen seinen Firmensitz hat, zeigt welche Aktienarten ein Unternehmen ausgeben darf. Regelungen für unterschiedliche Aktienausweise befinden sich in IAS 1 und in IAS 32. Sie beschreiben, dass sich das gezeichnete Kapital aus Aktien bzw. Anteilsrechten mit Nennwert oder ohne Nennwert, (IAS 1.76a (ii)) sowie aus Vorzugaktien zusammensetzt.[28]

Die Höhe des gezeichneten Kapitals wird von den Gesellschaftern im Gesellschaftsvertrag bestimmt. Jedoch müssen, wie beim HGB, abhängig von der Rechtsform des Unternehmens (GmbH, AG) bestimmte Mindestbeträge eingehalten werden.[29]

4.4 Rücklagen

Rücklagen dienen vor allen dazu auftretende Verluste auszugleichen, ohne dass das Nominalkapital belastet wird. Desweiteren wird die Widerstandsfähigkeit des Unternehmens gegenüber externen unvorhersehbaren Faktoren gestärkt, was zur weiteren Sicherung des Unternehmens führt.

Nach dem HGB lassen sich Rücklagen in *offene* und *stille Rücklagen* unterteilen. Die offenen Rücklagen werden wiederum in Kapital- und Gewinnrücklagen untergliedert. Es dient dazu einen externen Bilanzleser den Einblick in die Eigenkapitalstruktur zu vereinfachen. Man soll

---

[24] Gräfer, H., Schneider, G. (2009) S.195

[25] vgl. § 8 AktG

[26] Coenenberg, A. G. (2005) S.289

[27] Gräfer, H., Schneider, G. (2009) S.195

[28] Coenenberg, A. G. (2005) S.293

[29] vgl. http://www.experto.de/b2b/steuern-buchfuehrung/controlling/das-eigenkapital-nach-ifrs-gliederung-und-darstellung-des-eigenkapitals-teil-2.html (Zugriff 06.01.2012)

schnell erkennen können, welcher Teil des Eigenkapitals durch realisierte Gewinne und welcher Teil durch Einzahlungen von außen dem Unternehmen zugeführt wurden.[30] Die letzte Gliederungseinheit ist der Sonderposten mit Rücklageanteil. Er umfasst zwei Bestandteile. Kapitalgesellschaften müssen Rücklagen, die den steuerlichen Gewinn mindern und erst bei Auflösung versteuert werden, im Sonderposten mit Rücklageanteil ausweisen. Diese werden als steuerfreie Rücklagen bezeichnet. Kapitalgesellschaften haben die Wahl Beträge aufzunehmen, welche über die handelsrechtlich gebotenen Abschreibungen hinausgehen, man bezeichnet es als eine Art Wertberechtigung.[31]

Nach IFRS unterteilt man ebenfalls in offene und stille Rücklagen. Es besteht kein Unterschied zur HGB-Rechnungslegung bezüglich der stillen Rücklagen, jedoch sind die Möglichkeiten zur Bildung nach IFRS stärker eingeschränkt. Das IAS 1.76c gibt Auskunft über Art und Zweck der jeweiligen offenen Rücklage innerhalb des Eigenkapitals an. Die Gliederung erfolgt in Kapital- bzw. Gewinnrücklagen und sonstigen Rücklagen. Der Sonderposten mit Rücklagenanteil ist nach IFRS nicht vorhanden.[32]

Die folgende Abbildung zeigt die Rücklagen im HGB-Abschluss.

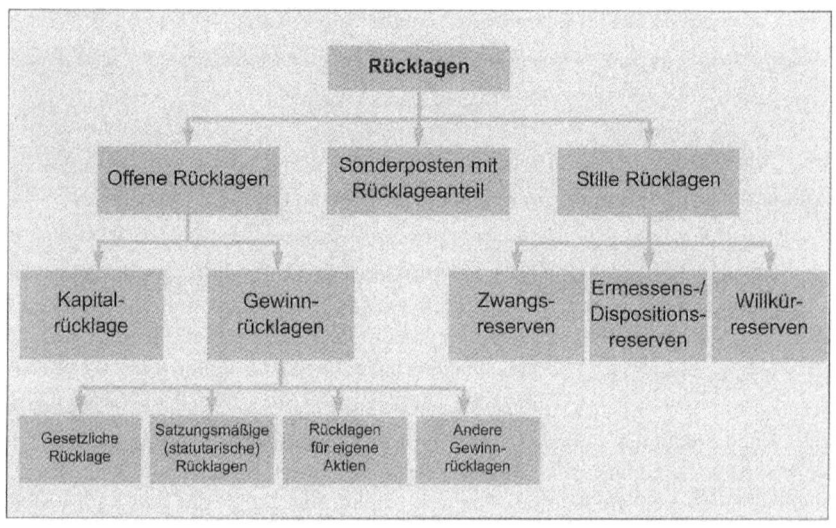

Abbildung 2: Klassifizierung der Rücklagen im HGB-Abschluss, Coenenberg 2005, S.301

---

[30] Coenenberg, A. G. (2005) S.300
[31] Coenenberg, A. G. (2005) S.316
[32] Coenenberg, A. G. (2005) S.300-301

4.4.1 Kapitalrücklagen nach HGB

Die Kapitalrücklage nach HGB umfasst die von ihren Gesellschaftern neben dem Nominalkapital von außen zugeführten Eigenkapitalanteile. Laut § 272 Abs. 2 HGB beinhaltet die Kapitalrücklage folgende Beträge:

1. der Betrag, der bei der Ausgabe von Anteilen einschließlich Bezugsanteilen über den Nennbetrag hinaus erzielt wird

2. der Betrag, der bei der Ausgabe von Schuldverschreibungen für Wandlungsrechte und Optionsrechte zum Erwerb von Anteilen erzielt wird;

3. der Betrag von Zuzahlungen, die Gesellschafter gegen Gewährung eines Vorzugs für ihre Anteile leisten;

4. der Betrag von anderen Zuzahlungen, die Gesellschafter in das Eigenkapital leisten[33]

4.4.2 Kapitalrücklagen nach IFRS

Die Kapitalrücklage (share premium) ist in keinem IFRS definiert. Jedoch muss laut IAS 1.74 die Bildung des share premium vor dem Hintergrund der *fair presentation* geboten werden. Die Kapitalrücklage beinhaltet das Agio (Aufgeld), welches bei der Ausgabe von Anteilen durch die Eigner zur Verfügung gestellt wird. Daher grenzt sich die Kapitalrücklage wesentlich vom Gezeichneten Kapital, sowie von den übrigen Rücklagen ab. IAS 1.75(e) verlangt einen gesonderten Ausweis des Postens in der Bilanz oder im Anhang.[34]

4.4.3 Gewinnrücklagen nach HGB

Die Gewinnrücklage ist die Folge von nicht ausgeschütteten Jahresüberschüssen und wird aus einbehaltenen Teilen des Unternehmensergebnisses gebildet. Die Gewinnrücklagen lassen sich in gesetzliche Rücklagen, Rücklagen für eigene Anteile, satzungsmäßige Rücklagen und andere Gewinnrücklagen unterteilen. [35]

Unter der *gesetzlichen Rücklage* versteht man den Teil der Gewinnrücklagen, der aufgrund gesetzlicher Vorschriften gebildet wird. Daher kann die gesetzliche Rücklage nur bei einer AG oder einer KGaA auftreten. Eine GmbH unterliegt nicht solchen gesetzlichen Vorschriften und hat somit keine gesetzliche Rücklage.
Nach § 150 Abs. 2 AktG müssen die Unternehmen im Interesse des Gläubigerschutzes solange 5 % aus dem Jahresüberschuss in die gesetzliche Rücklage einstellen, bis diese

---

[33] Gräfer, H., Schneider, G. (2009) S.202
[34] Pellens, P. et al. (2004)
[35] Coenenberg, A. G. (2005) S.305

zusammen mit der Kapitalrücklage 10 % des Grundkapitals erreicht. Der Bilanzgewinn wird um den Betrag der gesetzlichen Rücklage gemindert und reduziert somit den für die Gesellschafter zur Verfügung stehenden Gewinn. Die Auflösung der gesetzlichen Rücklage wird in den Absätzen 3 und 4 des § 150 AktG beschrieben. Sie bestimmen unter welchen Bedingungen und in welcher Höhe eine gesetzliche Rücklage auflösbar ist.[36]

Bei *Rücklagen für eigene Anteile* ist nach § 272 Abs. 4 HGB der Betrag einzustellen, der dem auf der Aktivseite enthaltenen Betrag der Anteile an dem herrschenden oder mit Mehrheit beteiligten Unternehmen entspricht. Die Rücklage ist aufzulösen, wenn diese Anteile veräußert oder eingezogen werden oder sonst auf der Aktivseite ein niedrigerer Betrag eingestellt wird.[37]

Satzungsmäßige Rücklagen beinhalten alle Gewinnrücklagen, zu deren Bildung eine Kapitalgesellschaft aufgrund ihres Gesellschaftvertrages verpflichtet ist. Die Bildung sowie die Auflösung bestimmt sich nach den Vorschriften der Satzung, dabei entstehen weder für die AG, noch für die GmbH gesetzliche Regelungen. Die Beträge müssen in der Bilanz oder im Anhang angegeben werden.[38]

Andere Gewinnrücklagen umfassen alle Rücklagen, die aus dem Jahresüberschuss eingestellt werden, jedoch nicht gesondert auszuweisen sind.[39] Für eine GmbH gibt es keine gesetzlichen Regeln bezüglich der Höhe der Zuführung und der Auflösung anderer Gewinnrücklagen. Für eine AG bzw. KGaA existiert hingegen eine bestimmte gesetzliche Vorschrift, die die Einstellung von Teilen des Jahresüberschusses in die anderen Gewinnrücklagen regelt.[40]

4.4.4 Gewinnrücklagen nach IFRS

Die Gewinnrücklage nach IFRS ist in retained earnings, statutory reserves, legal reserves und in other revenue reserves gegliedert. Die nach HGB gesonderte Rücklage für eigene Anteile existiert nach IFRS nicht und muss daher auch nicht gebildet werden. Allerdings müssen diese entweder in der Bilanz oder im Anhang vom Eigenkapital abgesetzt werden.

Der *reatained earnings* besteht hauptsächlich aus den nicht ausgeschütteten Vorjahresergebnissen, sowie das Ergebnis des Geschäftsjahres. Nach IFRS existiert keine Gewinnverwendungsrechnung, aus diesem Grund ist das Geschäftsergebniss Bestandteil der

---

[36] Coenenberg, A. G. (2005) S.306

[37] Coenenberg, A. G. (2005) S.306-307

[38] Coenenberg, A. G. (2005) S.307-308

[39] vgl. § 266 Abs. 3 HGB

[40] Coenenberg, A. G. (2005) S.308

retained earnings.[41] Somit stellen die retained earnings das Ausschüttungspotenzial des jeweiligen Unternehmens dar. Besonders wichtig ist das IAS 8. Es sagt aus, dass eine Berichtigung der Bilanz erfolgsneutral durchgeführt werden kann. Darunter können z.b. die Korrektur von Vorjahresfehlern fallen oder die Verrechnung der Auswirkungen von Änderungen der Bilanzierungsmethoden.[42]

Die *Statutory reserves* bauen auf die vertraglichen Bestimmungen der Satzung auf. Eine Zuführung zu den Statuory Reserves erfolgt als Minderung der Retaines Earnings.

Legal reserves nach IFRS sind identisch mit den gesetzlichen Rücklagen nach HGB. Es gelten die gleichen Regelungen und Prinzipien zur Bildung der Rücklage. Wenn ein deutsches Unternehmen beispielsweise nach Artikel § 150 AktG zur Bildung einer gesetzlichen Rücklage verpflichtet ist, so muss es dies auch nach IFRS ausweisen.

Alle anderen Rücklagen, die aus vertraglichen Verpflichtungen resultieren, heißen *Other revenue reserves.*[43]

5.   Fazit

Zusammenfassend lässt sich festhalten, dass es einige Unterschiede aber auch Gemeinsamkeiten bei dem Vergleich von Ansatz- und Bewertungsvorschriften des Eigenkapitals nach IFRS und HGB gibt. Die Darstellung und Gliederung nach HGB ist mit konkreten Regeln bestimmt. Außerdem besteht ein Wahlrecht für den Ausweis nicht eingeforderter ausstehender Einlagen. Nach IFRS gibt es nicht so ein starres Gliederungsschema, jedoch viele Angabepflichten. Das gezeichnete Kapital ist aber sowohl nach HGB als auch nach IFRS die erste Position im Eigenkapital.

Der Aufbau der Rücklagen ähnelt sich ebenfalls bezüglich der verschiedenen Rechnungslegungen. Jedoch besitzt das HGB den Sonderposten mit Rücklageanteil. Hierbei müssen Kapitalgesellschaften Rücklagen, die den steuerlichen Gewinn mindern und erst bei Auflösung versteuert werden, im Sonderposten mit Rücklageanteil ausweisen. Dieser Posten kommt nach IFRS nicht vor. Die Kapitalrücklagen weichen kaum voneinander ab. Die Gewinnrücklagen sind im Aufbau ebenfalls sehr ähnlich. Nach IFRS sind die Rücklagen für eigene Anteile allerdings nicht vorhanden.

---

[41] § 158 AktG

[42] Coenenberg, A. G. (2005) S.311-312

[43] Coenenberg, A. G. (2005) S.312

Durch die Einführung des IASB bzw. der IFRS wurde auf die fortschreitende Globalisierung reagiert. Für Unternehmen vereinfachte sich die Erstellung des Konzernabschlusses und es konnte ein leichterer Zugang zu ausländischen Kapitalmärkten geschaffen werden. Die Vorschriften nach IFRS sind deutlich umfangreicher als die nach HGB. Während die relevanten Vorschriften des Dritten Buchs des HGB nur 50 Seiten umfassen, beinhalten die Vorschriften nach IFRS über 1000 Seiten. Dadurch bekommt ein Außenstehender ein besseres Bild. Nach HGB stehen der Gläubigerschutz und die Kapitalerhaltung im Vordergrund, wohingegen nach IFRS mehr Informationen publiziert werden und daher der Investor einen besseren Einblick bekommen soll.

15

6. LITERATURVERZEICHNIS

COENENBERG (2005)

Coenenberg, A. G., Jahresabschluss und Jahresabschlussanalyse, 20 Aufl., Stuttgart 2005.

GRÄFER/SCHNEIDER (2008)

Gräfer, H., Schneider, G., Rechnungslegung, 4. Aufl., Herne 2008.

KIRSCH (2009)

Kirsch, H., Einführung in die internationale Rechnungslegung nach IFRS, 6. Aufl., Herne 2009.

PELLENS/FÜLBIER/GASSEN (2004)

Pellens, B., Fülbier, R. U., Gassen, J., Internationale Rechnungslegung, 5. Aufl., Stuttgart 2004.

INTERNETQUELLEN

BECK

beck, Entwurf eines IFRS für kleine und mittelgroße Unternehmen,
Online im Internet,
URL:< http://www.beck.de/cms/main?docid=215315>, Abruf

E-CONOMING

e-conoming, Handelsgesetzbuch (HGB) – Was ist das HGB?,
Online im Internet,
URL:< http://www.e-conomic.de/buchhaltungsprogramm/lexikon/handelsgesetzbuch-hgb>, Abruf

16

EXPERTO

experto, Das Eigenkapital nach IFRS: Gliederung und Darstellung,

Online im Internet,

URL:< http://www.experto.de/b2b/steuern-buchfuehrung/controlling/das-eigenkapital-nach-ifrs-gliederung-und-darstellung-des-eigenkapitals-teil-2.html>, Abruf

GRIN

grin, Internationale Harmonisierung der Rechnungslegung,

Online im Internet,

URL:< http://www.grin.com/de/e-book/103567/internationale-harmonisierung-der-rechnungslegung>, Abruf

UVK

uvk, Die Entwicklung der internationalen Rechnungslegung,

Online im Internet,

URL:< http://www.uvk.de/uploads/tx_gbuvkbooks/Leseprobe/9783825284459_l.pdf>, Abruf

WIRTSCHAFTSLEXIKON.GABLER

Wirtschaftslexikon.Gabler, Internationale Rechnungslegung,

Online im Internet,

URL:< http://wirtschaftslexikon.gabler.de/Archiv/134403/internationale-rechnungslegung-v4.html>, Abruf

WIRTSCHAFTSLEXIKON.GABLER

Wirtschaftslexikon.Gabler, Framework,

Online im Internet,

URL:< http://wirtschaftslexikon.gabler.de/Definition/framework.html>, Abruf

WIRTSCHAFTSLEXIKON.GABLER

Wirtschaftslexikon.Gabler, International Accounting Standards Board,
Online im Internet,
URL:< http://wirtschaftslexikon.gabler.de/Definition/international-accounting-standards-board-iasb.html>, Abruf